Rien dire

Des textes d'un seul souffle. Les émotions secrètes trouvent leur respiration dans la parole.
Des textes à murmurer à l'oreille d'un ami, à hurler devant son miroir, à partager avec soi et le monde.

D'une seule voix

Bernard Friot

Rien dire

Pour Saïd.
Pour Gerda.

"J'arrive où je suis étranger."
Louis Aragon

Ernst Klett Sprachen
Stuttgart

Bernard Friot

Rien dire

Vocabulaire par Laure Soccard

1. Auflage 1 5 4 3 2 1 | 2013 12 11 10 09

Internetadresse: www.klett.de / www.lektueren.com

Redaktion: Malefi Cicu, Michèle Périgault
Layoutkonzeption: Elmar Feuerbach
Gestaltung und Satz: Satzkasten, Stuttgart
Umschlaggestaltung: Elmar Feuerbach
Titelbild: iStockphoto/© Jonas
Druck und Bindung: AZ Druck und Datentechnik GmbH
Printed in Germany

ISBN 978-3-12-592260-0

9 783125 922600

Table des matières

Demain soir, ce sera mon tour.

La prof pointera le doigt sur moi et dira : "À toi, Brahim." Et il faudra que j'y aille.

Peut-être.

C'est un jeu, paraît-il.

Ça fait partie du "stage" de préparation au bac de français. "Stage", tu parles... En fait, on passe quatre jours en pleine campagne, dans un ancien pensionnat transformé en centre d'accueil pour colonies de vacances et classes transplantées.

Cours le matin, ateliers l'après-midi : lecture à voix haute, simulations d'épreuve orale, etc. Le soir, la classe est réunie dans la salle de conférence, aménagée sous les toits. Poutres apparentes, parquet ciré.

2 **pointer le doigt sur qn** montrer qn du *doigt* (Finger) – 2 **un doigt** une des cinq parties qui terminent la main – 6 **paraît-il** *ici :* dit-on – 8 **le bac** le baccalauréat – 10 **ancien, -ienne** ≠ nouveau – 13 **transplanter qc** changer qc de place, transférer qc – 14 **un atelier** *ici :* un travail de groupe – 16 **une épreuve** un examen – 16 **oral, e** ≠ écrit – 17 **réunir** convoquer – 18 **aménager qc** installer qc – 18 **une poutre** Holzbalken – 19 **apparent, e** que l'on voit – 19 **ciré,e** gewachst

Règle du jeu : un élève vient s'asseoir sur une chaise, au centre de la pièce, devant les autres, disposés en demi-cercle. Et il parle. De ce qu'il veut. Enfin, pas vraiment. Il faut parler de soi, de sa situation, de ses projets, de ses passions. Sans rire.

Durée de parole : le temps qu'une bougie se consume. Pour pimenter le jeu, il y a des bougies de tailles et de grosseurs différentes.

Karine vient de terminer. Silence dans la salle. Bouchra essuie discrètement une larme. Kévin a posé sa tête sur l'épaule de Mathilde. Mes doigts tremblent, je ne sais pas pourquoi.

C'est à Thomas maintenant. Il se lève, s'avance vers la chaise, s'assoit, allume la bougie.

3 **disposé, e** *ici :* assis – 3 **un cercle** un rond – 8 **la durée** le temps – 10 **la grosseur** → gros – 12 **terminer qc** finir qc – 13 **discrètement** → discret – 14 **une larme** vient des yeux quand on pleure – 14 **une épaule** Schulter – 18 **s'avancer vers** aller vers – 18 **allumer** ≠ éteindre

J'ai la gorge serrée, nouée, étranglée.

Je ne pourrai pas, moi.

C'est pourtant simple : se lever, s'avancer vers la chaise, s'asseoir, allumer la bougie, et parler.

Parler.

Demain, ce sera mon tour.

Mais, dans ma tête, ça parle déjà.

1 **serré, e** ≠ large – 1 **noué, e** zugeschnürt – 1 **étranglé, e** quand on n'a plus d'air

J'ai rien à dire.

Non, c'est vrai, j'ai rien à dire. OK, d'habitude, je parle sans arrêt, même que ça énerve ma mère. "Brahim, ferme ton robinet", elle me dit, dix fois, vingt fois par jour. Mais en vrai, j'ai pas la tchatche. Quand je parle, c'est pour ne pas entendre les mots dans ma tête. Je les noie en disant n'importe quoi.

Je n'aime pas trop ce jeu.

D'abord, à quoi ça sert ?

Et vous avez vu la bougie que j'ai tirée ? Vingt centimètres au moins. Il y en a pour des plombes avant qu'elle brûle en entier.

3 **d'habitude** *ici :* normalement → normal, e – 3 **sans arrêt** sans s'arrêter – 4 **fermer son robinet** *fam* arrêter de parler – 7 **la tchatche** *fam* quand on parle beaucoup et longtemps – 9 **noyer** *ici :* cacher, masquer – 9 **n'importe quoi** *ici :* des bêtises – 11 **servir à qc** être utile à qc – 12 **tirer qc** *ici :* recevoir, avoir – 12 **une plombe** *arg* une heure – 14 **en entier** complètement → complet, ète

Ce qui me passe par la tête en ce moment ? Je ne sais pas.

C'est-à-dire, c'est compliqué. Moi, dans ma tête, ça se bouscule, je pense à plein de choses à la fois, impossible de me fixer sur une seule idée.

En ce moment ?

C'est idiot. Je pense à mes chaussettes. Et à un gâteau. Un gâteau allemand.

Pourquoi les chaussettes ? Non, c'est trop bête, c'est pas important. Vraiment nul. Après ce qu'a raconté Karine. Chapeau, Karine, c'était super courageux ce que tu as dit. Je t'assure, je t'ai admirée. Je regardais tes mains pendant que tu parlais. J'aurais voulu les prendre dans les miennes, et les serrer, tes mains, les serrer pour les réchauffer, pour les calmer. Les aimer.

5 **à la fois** en même temps – 13 **chapeau** *fam* Bravo ! – 14 **courageux, se** → le courage – 14 **assurer qc à qn** *ici :* jdm etw versichern – 15 **admirer qn** jdn bewundern – 17 **le mien, la mienne** *ici :* dans mes mains – 17 **serrer qc/qn** tenir qc/qn très fort – 18 **réchauffer qc/qn** → chaud – 19 **calmer qn** → calme, tranquille

Oui, oui, je sais, il faut que je parle de moi. OK, j'ai compris.

Alors, les chaussettes.

La chaussette du pied droit, plus exactement. J'ai toujours peur qu'elle soit trouée. C'est une obsession, j'y peux rien.

Mais non, je déconne pas, c'est vrai, je peux pas m'en empêcher. C'est juste le pied droit. Le gauche, je m'en fous. J'ai l'impression d'avoir un trou dans la chaussette. Tout à coup, j'ai un doute, et j'ai beau me répéter : Arrête, tu délires, ça fait dix minutes à peine que tu as vérifié, il faut que je regarde, tout de suite ! C'est plus fort que moi. Même en cours, j'enlève ma chaussure, et je vérifie l'état de la chaussette.

6 **troué, e** → un trou – 8 **déconner** *vulg* dire des bêtises – 9 **s'empêcher de faire qc** éviter de faire qc – 12 **un doute** quand on n'est pas sûr de qc – 13 **délirer** devenir fou – 14 **à peine** seulement – 18 **l'état** *m* Zustand

Au collège, j'ai pris je ne sais combien de punitions à cause de ça, et des remarques sur le carnet : "N'écoute pas en classe", "Se déchausse en cours" et même une fois : "Exhibitionnisme pédestre". Ça, c'était mon prof de physique, en troisième.

Mince, je tiens plus. J'aurais pas dû parler de ça ; maintenant, j'ai un doute. Je sens que j'ai un trou à ma chaussette, je le sens, je le sens. Je peux enlever ma chaussure maintenant ? Sinon, je vous préviens, je pourrai pas aligner deux mots sensés.

Alors, cette chaussette ? Impec. Pas le moindre trou. Remarquez, ç'aurait été étonnant, elle est neuve. Ma mère en achète par dizaines sur le marché du vendredi. Le vendeur lui fait un prix. Elle

2 **une punition** Strafe – 3 **une remarque** Bemerkung – 4 **un carnet** (de correspondance) un cahier sur lequel le professeur écrit des remarques pour les parents – 4 **se déchausser** enlever ses chaussures – 6 **pédestre** du pied – 7 **la troisième** cette classe correspond à la 9e classe en Allemagne – 8 **mince** *pop* Zut ! – 12 **sinon** sonst – 13 **prévenir qn de qc** informer qn de qc – 13 **aligner** *ici :* dire – 14 **sensé, e** intelligent – 15 **impec** (impeccable) *fam* super, parfait – 16 **le moindre** le plus petit – 17 **étonnant, e** *ici :* bizarre – 18 **une dizaine** → dix – 19 **un vendeur** → vendre

marchande, ma mère, elle se croit au souk, parfois. Elle est très forte, l'autre jour, elle a réussi à obtenir un rabais de 30 % sur une cafetière électrique toute neuve.

Ma mère au souk : le parfait stéréotype sur les Arabes. Alors qu'il faudrait la voir au marché : petite jupe noire étroite, T-shirt manches courtes moulant jaune, rouge ou blanc, chaussures à petits talons, cheveux courts coiffés en arrière, maquillage discret.

Elle est belle, ma mère.

Je suis jaloux quand on la regarde.

C'est un stéréotype, ça aussi ?

"Stéréotype", drôle de mot. "Stéréo" et "type" : j'imagine des tas de bouches anonymes et sans visage qui répètent la même chose, un écho répété à l'infini

1 **marchander qc** discuter du prix de qc – 2 **un souk** un marché dans les pays arabes – 2 **parfois** quelquefois – 6 **obtenir qc** avoir qc – 3 **un rabais** une réduction – 7 **une cafetière** un appareil pour faire du café – 8 **étroit, e** eng – 9 **une manche** Ärmel – 9 **moulant, e** enganliegend – 11 **coiffé, e** → un coiffeur – 11 **en arrière** ≠ en avant – 12 **le maquillage** Make-up – 17 **des tas de qc** *fam* un grand nombre de, beaucoup de qc – 19 **l'infini** *m* sans fin

qui finit par brouiller les paroles, les transformer en une bouillie infâme. Ça me coule sur la figure, sur les mains…

Dégueulasse.

Bon, je vais pas continuer une demi-heure sur les chaussettes. Elles sont 100 % coton, je supporte pas le synthétique.

J'ai une idée : je vais me mettre pieds nus, comme ça, j'aurai l'esprit tranquille. Voilà, chaussure droite, chaussure gauche… Brrr, glacé, le parquet ! Mais j'aime bien… Ça me rappelle… Non, rien…

Elle est trop dure, cette chaise, en plus. Je vais mettre mon pull sous mes fesses. J'ai rien à dire. Rien à dire.

1 **brouiller** durcheinander geraten – 2 **une bouillie** Brei – 2 **infâme** horrible – 4 **dégueulasse** *fam* ekelhaft – 7 **(ne pas) supporter qc** *ici :* être allergique à qc, détester qc – 10 **pieds nus** sans chaussures – 10 **l'esprit** *m ici :* la tête – 13 **rappeler qc à qn** faire penser à qc – 16 **les fesses** *fpl* le derrière

Ah, oui, le gâteau allemand ! C'est une longue histoire, ça…

Pourquoi j'ai pensé à ce gâteau, tout à l'heure ?

Rien à voir avec les chaussettes, je vous rassure.

Du *Stollen*. Personne ne connaît, je parie. Et en plus, vous ne seriez même pas capable de prononcer correctement. "*Stollen*" : c'est "chtollen", avec un "o" ouvert, bref. Pas "stau-len". Et puis il faut entendre les deux "l". La première syllabe est gourmande, presque affamée, la seconde légère et rassasiée. Enfin, c'est comme ça que je l'entends.

Je l'entends pas seulement, d'ailleurs, je l'ai dans la bouche, ce mot : *Stollen*, *Stollen*. Je le sens, je le goûte.

6 **rassurer qn** calmer qn – 8 **parier qc** *ici :* être sûr de qc – 9 **prononcer** *ici :* dire – 13 **une syllabe** Silbe – 13 **gourmand, e** qui aime manger – 13 **affamé, e** qui a très faim – 14 **rassasié, e** ≠ affamé – 16 **d'ailleurs** *ici :* en fait

Non, je ne délire pas. J'aime cette langue. Et le *Stollen*.

Jetzt hätte ich Lust, Deutsch zu sprechen, und es ist mir egal, wenn niemand mich versteht …

Je sais, je ne respecte pas les règles du jeu. On est en cours de français. Et en français, on n'aime pas les langues étrangères. Ni les étrangers, d'ailleurs.

J'ai pas peur.

Pourquoi j'aurais peur, d'abord ?

J'ai rien à dire. Rien à dire.

Le *Stollen*.

Oui, le *Stollen*.

D'abord, le définir : le *Stollen* est un gâteau allemand traditionnel. Créé à Dresde au XVIIIe siècle. Dresde, capitale de la Saxe, bombardée, rasée en 1945 par l'aviation anglaise…

Je parle comme un dictionnaire, non ? et je ne reconnais pas ma voix. C'est drôle, dans ma tête je vois les mots, bien alignés sur un fond mouvant un peu jaune, et les mots sont noirs, épais, un peu comme des chenilles qui avancent en rampant…

Et puis tout à coup, les mots sont remplacés par des images. Je ne sais pas si c'est en couleurs ou en noir et blanc, mais si je ferme les yeux, je distingue des formes qui bougent un peu, c'est

3 **définir qc** expliquer qc (→ définition) – 6 **rasé, e** *ici :* détruit – 7 **l'aviation** *f* → un avion – 11 **un fond** Hintergrund – 11 **mouvant, e** qui change, qui bouge – 12 **épais, se** dick – 13 **une chenille** Raupe – 14 **ramper** kriechen – 15 **remplacer qc** se mettre à la place de qc – 18 **distinguer** *ici :* voir, reconnaître

encore un peu vague, puis ça se calme, ça se précise. Là, par exemple, je vois le *Stollen*. Comment le décrire ? C'est allongé, un peu comme une bûche, mais pas aussi régulier. On dirait un gâteau roulé mal roulé et un peu écrasé. La couleur n'est pas vraiment appétissante : un blanc éclatant, pas naturel. Le *Stollen* est recouvert de sucre glace, une épaisse couche blanche, on dirait de la neige artificielle en bombe. Mais, moi, je pose un doigt, mon empreinte sur le gâteau, et je lèche… Alors, là, hum… C'est pas du tout écœurant, je sens déjà tous les parfums, tous les arômes enfermés dans le *Stollen*… Oui, je les ai sur le bout de la langue, je ferme les yeux, et…

Non.

Décrire, j'ai dit.

4 **allongé, e** → long – 4 **une bûche** un gâteau traditionnel de Noël – 5 **un gâteau roulé** Biskuitrolle – 6 **écrasé, e** déformé → forme – 7 **appétissant, e** → l'appétit *m* – 9 **le sucre glace** Puderzucker – 10 **une couche** Schicht – 10 **la neige** Schnee – 11 **artificiel, le** ≠ naturel – 12 **une empreinte** une trace, une marque – 13 **lécher** ablecken – 14 **écœurant, e** *ici :* mauvais, trop sucré – 15 **enfermé, e** à l'intérieur – 16 **le bout** Spitze – 17 **la langue** Zunge

Des mots, pas des images.

Eh bien, voilà : je prends un couteau, j'entame le *Stollen*. Et je vois vos regards déçus. Je sais ce que vous pensez : Ouah, ça a l'air sec, c'est dense, et tous ces petits yeux noirs… Je vous rassure, c'est juste des raisins secs.

Non, pas décrire.

Je mangerais bien du *Stollen*, maintenant.

Avec du thé à la menthe.

Ou un café. Pas un expresso. Un café allongé, pas trop fort. Comme en Allemagne. On appelle ça un *Blümchenkaffee*, un café fleurettes. Parce qu'on peut voir les petites fleurs au fond de la tasse, tellement le café est clair.

2 **un couteau** un instrument servant à couper qc – 3 **entamer qc** *ici :* couper le premier morceau – 3 **un regard** → regarder – 5 **avoir l'air** den Anschein haben – 5 **dense** lourd, compact – 7 **des raisins secs** *mpl* Rosinen – 11 **la menthe** Minze – 15 **une fleurette** une petite fleur – 17 **le fond de qc** l'intérieur de qc – 17 **tellement** tant

Une tranche de *Stollen*, s'il vous plaît.

Une tranche de *Stollen*, et je me tais.

Une tranche de *Stollen*, et dans ma tête ça se tait.

Mais c'est pas ma tête qui parle.

C'est mon ventre.

Parler du *Stollen*, c'est ça.

Remplir le vide, le silence.

Remplir le creux dans mon ventre.

Parler, donner la recette. Ingrédients : farine, levure de boulanger, lait, sel, beurre, sucre, amandes effilées, écorce de citron confite, écorce d'orange confite, raisins secs, muscade en poudre, juste un peu, et du rhum.

Parler.

Pour ne rien dire.

Pour ne pas penser.

1 **une tranche** Stück – 2 **se taire** ne rien dire, ne pas parler – 8 **remplir qc** rendre plein ≠ vider – 9 **le creux** le trou – 10 **un ingrédient** Zutat – 11 **la levure de boulanger** Backhefe – 12 **des amandes effilées** gehackte Mandeln – 12 **une écorce** *ici :* la peau du citron – 13 **confit, e** kandiert

Et regarder la bougie se consumer. Combien de temps encore ?

Je peux raconter, aussi.

Oui, c'est bien, raconter. J'ai plein d'histoires dans la tête. Vraies ou inventées, je ne fais pas la différence.

Je vais vous raconter comment faire le *Stollen.*

C'est un pâtissier de Dresde qui m'a appris à le faire. Un *Konditormeister.* Un maître-pâtissier. Patron d'une *Konditorei,* une pâtisserie. Attention à la prononciation : "conn'-di-to-raille", avec un accent sur "conn'-". Et surtout, le "d" et le "t", il faut les dire avec un peu d'air autour… Comme ça, en pensant à des blancs d'œufs montés en neige et à peine sucrés.

11 **un patron** un chef – 16 **autour** darum (herum) – 17 **monter des blancs d'œufs en neige** battre les blancs d'œufs pour qu'ils deviennent solides

L'allemand, c'est une belle langue, une langue gourmande, pas du tout ce qu'on croit, rien à voir avec les hurlements nazis qu'on entend dans les films de guerre. C'est… c'est comme le *Stollen*…

La première fois que j'ai goûté au *Stollen*, c'est… D'abord, je dois dire que j'ai un oncle, Walid, qui habite en Allemagne. Il était technicien dans une compagnie pétrolière, en France, et on l'a envoyé là-bas pour remettre en état une raffinerie rachetée après la chute du mur… Il est parti en 1992, je crois. Il devait rester un an, et il est toujours là-bas. Il a fondé son entreprise, dans la banlieue de Dresde, il installe des chaudières et des systèmes de climatisation. Quand il est parti, il ne parlait pas un mot d'allemand, et maintenant, il a l'accent saxon.

2 **pas du tout** *ici :* le contraire de – 3 **un °hurlement** un cri → crier – 10 **une compagnie pétrolière** une compagnie qui cherche et vend du *pétrole* (Erdöl) – 11 **remettre qc en état** *ici :* réorganiser, restructurer qc – 12 **la chute du mur** quand le mur de Berlin est tombé – 15 **fonder qc** créer qc – 15 **une entreprise** une firme – 17 **une chaudière** Heizungskessel

Pourquoi il s'est installé là-bas, Walid ? C'est à cause d'Anja. Sa femme. Il l'a rencontrée dans un café, tout bêtement, et ç'a été le coup de foudre. *Liebe auf den ersten Blick*, on dit en allemand, l'amour au premier regard. Et le papa d'Anja, M. Wippler, est *Konditormeister*. Il était pas du tout heureux que sa fille épouse un Arabe, mais alors pas du tout. C'est lui-même qui me l'a raconté. La première fois que Walid est allé manger chez eux, il a demandé à sa femme de faire du rôti de porc. Il est mal tombé, parce que Walid n'est pas croyant, il adore la bière et les andouillettes.

N'empêche, c'est dégueulasse.

Les andouillettes…

Il n'était pas très fier quand il m'a raconté ça, M. Wippler. Il s'est même excusé. Oui vraiment.

13 **un rôti de porc** Schweinebraten – 14 **être croyant** croire en un Dieu – 15 **une andouillette** Würstchen aus Innereien von Schwein und Kalb – 16 **n'empêche** pourtant – 18 **être fier de qc/qn** stolz auf etw/jdn sein

Je ne sais pas bien raconter, je crois.

Ça commence bien, et puis, tout à coup, ça tombe, j'ai plus envie. Le film se déchire, les images s'embrouillent, et…

Et j'ai mal au ventre.

Encore.

Quand même, je reprends.

Moteur, on tourne.

La première fois que je suis allé à Dresde, j'ai demandé à M. Wippler comment on faisait le *Stollen*, et il m'en a préparé un, en plein été. Parce qu'il faut savoir, c'est un gâteau de Noël. Le vrai nom, d'ailleurs, c'est *Christstollen*. On en trouve à partir de fin octobre jusqu'à début janvier. Dans les familles, les gens le préparent souvent début novembre pour le servir à Noël.

4 **se déchirer** *ici :* se casser – 4 **s'embrouiller** se brouiller (p. 15) – 9 **moteur** *pour le cinéma* la caméra ; on filme.

Parce qu'il ne faut pas le consommer tout de suite, il faut le laisser rassir, c'est bien meilleur. Mais moi, j'en ai mangé une fois en plein mois d'août, grâce à M. Wippler.

Comment je connaissais le *Stollen* ? Par Walid. La première année, quand il est rentré de Dresde au moment de Noël, il nous en a rapporté un. Je me souviens très bien. Je vois encore la scène… C'était… c'était…

Peu importe…

Je n'ai plus envie, maintenant.

Plus envie de *Stollen*.

C'est tout blanc dans ma tête, non : gris clair, comme le brouillard.

Je ne veux rien voir.

1 **consommer qc** *ici :* manger qc – 2 **rassir** *pour un aliment* devenir sec, dur – 12 **peu importe** ce n'est pas important – 16 **le brouillard** Nebel

Et puis, si, l'image revient, elle s'impose, je n'arrive pas à l'effacer.

… C'était un après-midi, quelques jours avant Noël… Il y avait mon frère aîné, sa femme, et ses enfants. Mes deux sœurs étaient là, aussi, et puis ma mère, bien sûr, et ma grand-mère… Et… On ne l'attendait pas, il n'avait pas prévenu de son arrivée. Il a sonné et c'est moi qui suis allé ouvrir. Walid portait une épaisse canadienne et une toque en fourrure. Je ne sais pas pourquoi, j'ai pensé au père Noël. Attention, j'ai jamais cru au père Noël, non, non, jamais… Et j'avais presque neuf ans à l'époque… Enfin, si le père Noël avait existé ce jour-là, il aurait ressemblé à Walid.

1 **s'imposer à qn** sich jdm aufdrängen – 2 **effacer qc** faire disparaître qc – 4 **aîné** le plus âgé → âge – 11 **une canadienne** une *veste* (Jacke) très chaude pour l'hiver – 11 **une toque** Mütze – 11 **la fourrure** Pelz – 15 **à l'époque** à ce moment-là – 17 **ressembler à qn** jdm ähneln

Il est entré, il a posé son sac à dos, sans rien dire, il a ôté sa canadienne, sa toque en fourrure, et il a serré ma mère dans ses bras, sans rien dire… sans rien dire… Et puis ma mère s'est dégagée, et elle l'a regardé intensément. Ses lèvres tremblaient, ses paupières aussi, et ses épaules, son corps tout entier. Elle a murmuré : "C'est bien, Walid, c'est bien que tu sois venu." Après, on a bu le thé, tous réunis au salon, et Walid a ouvert son sac à dos. Il en a tiré deux paquets. Le premier, le plus petit, il l'a donné à ma mère. L'autre, il me l'a tendu, à moi. Un paquet allongé, assez lourd, entouré d'un papier blanc et d'une ficelle dorée. J'ai dénoué la ficelle, enlevé le papier, sans le déchirer. C'était une boîte en fer, bleue.

2 **ôter qc** enlever qc – 5 **se dégager** se libérer → la libération – 7 **une paupière** Augenlid – 8 **le corps** Körper – 8 **murmurer qc** dire qc à voix basse – 15 **entourer qc de qc** quand qc est autour de qc – 16 **une ficelle** Schnur – 16 **doré** golden (→ l'or) – 17 **dénouer qc** enlever la ficelle – 18 **déchirer qc** etw zerreißen – 2 **une boîte** Dose – 18 **le fer** Eisen

Sur le couvercle, en noir et blanc, la reproduction d'une gravure ancienne, une église avec un dôme immense et des maisons autour. J'ai ouvert. Enveloppé dans un papier transparent, il y avait ce gâteau, le *Stollen*.

Walid a dit : "C'est bon avec le thé, vous allez voir." Alors, j'ai défait le papier transparent, Walid a découpé quelques tranches et les a distribuées à la ronde. Tout de suite, j'ai senti les odeurs. J'ai mis mon nez sur la tranche de gâteau et j'ai fermé les yeux. C'était bon, ah oui, c'était bon.

"Goûte", a dit Walid. Et j'ai goûté. J'ai croqué dans le gâteau, j'ai avalé.

Voilà, c'est tout.

1 **un couvercle** *pour une boîte* le dessus – 4 **envelopper qc dans qc** couvrir de qc, entourer qc de qc – 8 **défaire** *ici :* enlever – 9 **découper qc** couper qc – 10 **distribuer qc** donner qc – 10 **à la ronde** *ici :* à tout le monde – 11 **une odeur** un parfum – 15 **croquer dans qc** in etw (rein)beißen – 16 **avaler qc** (hinunter)schlucken

J'ai froid aux pieds.

Si ma grand-mère était là, elle prendrait mes pieds dans ses mains et elle les réchaufferait. Elle fait toujours ça, quand on n'est pas bien, ou juste pour montrer qu'elle nous aime. Elle a quatre-vingt-onze ans, ma grand-mère, et la peau de ses mains est toute sèche, ça râpe quand elle te caresse, mais j'aime bien. La chaleur monte sur le dessus des pieds, dans les mollets, les cuisses, et partout, jusqu'au cœur, jusqu'à la tête.

Ce jour-là, elle a juste mangé une bouchée de *Stollen*. Elle a dit : "Walid, il y a du rhum là-dedans." Walid a souri : "Comment tu le sais ? a-t-il demandé. Tu as déjà bu du rhum ?" Et tout le monde a éclaté de rire.

9 **râper** *ici :* kratzen – 10 **la chaleur** → chaud – 11 **un mollet** Wade – 12 **une cuisse** Schenkel – 15 **une bouchée** un petit peu – 18 **éclater de rire** commencer à rire très fort

Ce n’était pas vraiment drôle.

Ce n’était même pas drôle du tout.

Mais on a ri.

Personne n’avait envie de rire, ce jour-là. Vraiment pas.

Mais on a ri.

J'arrête.

J'arrache ma langue, je vide ma tête, j'écris fin. Et puis plus rien.

Ce serait bien.

Mais on peut pas s'arrêter de penser. Penser à rien, ça n'existe pas, c'est impossible, ça.

Alors, je continue à projeter les bobines dans ma tête. Mon petit cinéma intérieur. C'est sans danger. Enfin, j'espère.

Et à l'entracte, on distribue du pop-corn et du coca-cola ? Ah, non, madame le professeur n'aime pas les mots étrangers. Des glaces, ça va ?

L'été suivant, Walid m'a invité à Dresde. Il était déjà marié avec Anja. J'ai pris l'avion, tout seul, et c'est Anja qui m'attendait à l'aéroport.

2 **arracher qc** enlever, couper qc – 2 **vider qc** → vide – 8 **projeter les bobines** se représenter un film – 12 **un entracte** une pause – 17 **marié, e** → se marier

Je me souviens du premier mot qu'elle a dit : "*Willkommen.*" Elle l'a répété deux fois, puis elle a traduit : "Bienvenue." C'est le premier mot que j'ai appris en allemand. Non, le deuxième. Je connaissais déjà *Christstollen.*

Elle parlait assez bien français, mais quand un mot ne venait pas, elle s'énervait et passait à l'allemand. Pourtant, j'avais l'impression de comprendre tout ce qu'elle disait, je ne m'apercevais même pas, je crois, quand elle sautait du français à l'allemand. Spontanément, elle me faisait entrer dans sa langue… par petits morceaux… et j'avalais tout, goulûment… Il faut connaître Anja.

13 **sauter** *ici :* changer – 14 **spontanément** de façon spontanée – 16 **par petits morceaux** *ici :* peu à peu (un morceau - un fragment) – 17 **goulûment** gierig

Elle a une façon de prononcer les mots, on dirait qu'elle les enrobe de sucre, comme de la barbe à papa. Elle a une voix assez grave, très chaude, qui fait vibrer l'air autour d'elle.

Je regarde la flamme de la bougie et, c'est drôle, j'ai l'impression de voir Anja. Elle est toujours en mouvement, comme la flamme, un mouvement qui la traverse de haut en bas, et inversement.

Ce jour-là, elle ne m'a pas amené directement à l'appartement où elle vivait avec Walid. Elle s'est arrêtée en route devant un magasin. Je dis magasin parce que je n'ai pas tout de suite compris ce que c'était. Des vitrines avec des rideaux un peu kitsch. Non, *très* kitsch. Et puis des boîtes décorées,

2 **enrober qc de qc** recouvrir qc de qc – 3 **la barbe à papa** Zuckerwatte – 8 **être en mouvement** in Bewegung sein – 10 **inversement** *ici :* de bas en haut – 11 **amener qn** conduire qn – 16 **une vitrine** Schaufenster – 17 **un rideau** Vorhang

des plantes vertes, et des gros gâteaux, tellement gros qu'ils n'avaient pas l'air vrais. En lettres dorées tarabiscotées, il y avait écrit “Café Kästner”. Sauf que ça ne ressemblait pas à un café, plutôt une pâtisserie avec salon de thé.

J'ai suivi Anja, elle a poussé la porte en verre, nous sommes entrés. Une serveuse en robe noire et tablier blanc s'est précipitée vers Anja et l'a serrée dans ses bras.

“C'est Renate”, a dit Anja en se tournant vers moi.

J'ai répété “Re-na-teu” en essayant d'imiter exactement la prononciation d'Anja. Renate a ri et s'est penchée vers moi pour m'embrasser. Je déteste qu'on m'embrasse. Mais je me suis laissé faire.

3 **tarabiscoté, e** ≠ simple – 7 **pousser la porte** ouvrir – 9 **une serveuse** la personne qui sert les gens dans un café, un restaurant – 9 **un tablier** un vêtement qui protège les autres vêtements – 10 **se précipiter vers qn** courir vers qn – 16 **se pencher vers qn** sich zu jdm beugen

“*Willkommen*”, a dit Renate. C’était la deuxième fois qu’on me souhaitait la bienvenue en moins d’une heure. Je n’avais pas tellement l’habitude.

“*Danke sehr*”, ai-je répondu, en détachant bien les mots.

Ça, je venais juste de l’apprendre et je n’allais pas rater l’occasion de le placer.

“Oh, wie schön, er spricht Deutsch !” s’est exclamée Renate. Et elle m’a embrassé à nouveau en m’étouffant sur sa vaste poitrine. J’ai souri, gêné.

Renate, ça fait penser à reinette, non ? Pomme de reinette.

Est-ce qu’il y a un rapport entre Renate et la reinette ? Je ne vois pas. Ah si ! Pomme de reinette et pomme d’api. Pomme de reinette et pomme d’api,

6 **détacher les mots** *ici :* bien séparer les mots – 8 **placer qc** *ici :* dire qc – 10 **s’exclamer** dire fort – 11 **étouffer qn** faire manquer d’air à qn – 12 **vaste** *ici :* gros, fort, important – 12 **la poitrine** Brust – 12 **gêné** confus, troublé, timide – 13 **une reinette** une *variété* (Sorte) de pomme – 15 **un rapport** une relation – 18 **une pomme d’api** une variété de pomme très rouge

tapis tapis rouge… C'est ça, la chanson ? Je me souviens plus très bien.

Ça ne fait rien.

Renate a les joues rouges, comme les pommes qu'on frotte pour les faire briller.

Je ne pense qu'à la nourriture.

Je suis obsédé, je crois.

Mais non, c'est autre chose. Ce vide, au creux du ventre. J'ai faim. Mais pas envie de manger.

Stop. Pas y penser.

Je retourne là-bas. Pas d'entracte, surtout pas, on continue.

Scène suivante : Anja m'a expliqué que Renate était une cousine éloignée de son père et qu'elle travaillait dans la *Konditorei* depuis plus de trente ans. Elle m'a pris par la main et m'a entraîné vers un passage, derrière le comptoir.

1 **un tapis** Teppich – 4 **une joue** Wange – 6 **briller** glänzen – 7 **la nourriture** *ici :* qc à manger – 8 **obsédé** une personne qui ne peut pas penser à autre chose – 16 **éloigné, e** *ici :* ≠ direct – 19 **entraîner qn** conduire qn – 20 **un passage** un chemin (→ passer) – 20 **un comptoir** Theke

On a traversé une petite pièce tapissée de casiers et de placards, Anja a poussé une double porte à battants et nous nous sommes retrouvés dans une grande cuisine carrelée de blanc. Je ne sais pas si on parle de cuisine en français pour les pâtisseries. En allemand, le mot est "*Backstube*" ; ça signifie exactement : la pièce où on cuit les gâteaux. Pour moi, immédiatement, ç'a été le paradis.

Je ne peux pas expliquer pourquoi. C'est comme ça.

Anja m'a présenté à un homme très grand, très élancé, aux cheveux gris épais dépassant d'une sorte de béret blanc en tissu. C'était son père, M. Wippler. Il m'a regardé de ses yeux bleus très clairs, m'a examiné en silence. Puis il a pris une

2 **tapissé, e de** couvert de → couvrir – 2 **un casier** Fach – 2 **un placard** Schrank – 3 **un battant** une partie de la porte qui s'ouvre et se ferme – 5 **carrelé, e** gefliest – 8 **signifier** vouloir dire – 9 **cuire qc** *ici :* etw backen – 10 **immédiatement** tout de suite – 14 **élancé, e** pas gros – 15 **dépasser** *ici :* sortir – 15 **un béret** Baskenmütze – 16 **le tissu** Stoff – 18 **examiner qn** regarder qn avec attention

petite cuillère, l'a plongée dans la masse de pâte légère qu'il préparait et me l'a tendue sans un mot.

"Goûte, a dit Anja, c'est la pâte du *Baumkuchen.*" Ah oui, le *Baumkuchen.* Je pourrais faire tout un cours là-dessus. Traduit mot à mot, c'est le gâteau-arbre, une pâte à génoise cuite à la broche. On trouve un gâteau semblable dans le sud-ouest de la France. Pas très connu, quand on n'est pas de la région. Ou passionné de pâtisserie. C'est pas dans les programmes du lycée, c'est sûr… Dommage. On devrait apprendre le pastis gascon et le *kouign-aman.*

Ne cherchez pas, ce sont des gâteaux. Une précision : *kouign-aman,* c'est pas de l'arabe, c'est du breton. Rudement bon, le *kouign-aman,* mais mortel : une

1 **une cuillère** Löffel – 1 **plonger qc dans qc** mettre qc dans qc – 2 **une pâte** Teig – 2 **léger, ère** ≠ lourd – 3 **tendre qc à qn** donner qc à qn – 6 **là-dessus** sur ce thème, sur ce sujet – 8 **une génoise** Biskuitboden – 8 **cuire qc à la broche** etw am Spieß braten – 9 **semblable** ähnlich – 12 **passionné de qc** qui adore – 15 **le pastis** une boisson alcoolisée à l'anis – 15 **gascon, onne** de Gascogne *(région du sud-ouest de la France)* – 15 **un kouign-aman** *un gâteau au beurre, une spécialité de Bretagne* – 18 **le breton** langue parlée en Bretagne – 18 **rudement** vraiment, très – 19 **mortel, -le** *ici :* lourd, riche

tonne de beurre, du sucre, de la farine, pas vraiment régime.

Pourquoi je parle de ça ? Pourquoi je m'y intéresse ? Gâteaux, sucreries. Peser les ingrédients, mélanger, casser les œufs, battre les blancs en neige, encore mélanger, verser la pâte dans le moule, l'enfourner. Et puis lécher le plat. Et sentir l'odeur du gâteau emplir la cuisine.

Pourquoi ?

Je suis gourmand, mais pas goinfre. Souvent, je ne mange pas les gâteaux que je prépare. Je les goûte seulement. Conscience professionnelle.

Cannelle, vanille, sucre roux, beurre en pommade, levure, trois cuillères de miel. J'ai une usine à gâteaux dans ma tête.

2 **un régime** Diät – 4 **une sucrerie** une chose sucrée → le sucre – 5 **peser qc** etw wiegen – 5 **mélanger qc** etw mischen – 7 **verser qc dans qc** faire couler qc dans qc – 8 **un moule** où on met les gâteaux pour les faire cuire au four – 8 **enfourner qc** etw in den Ofen schieben – 9 **un plat** *ici :* Schüssel – 9 **emplir** remplir ≠ vider – 12 **goinfre** une personne qui mange trop, vite et salement – 15 **la conscience** Bewusstsein – 16 **la cannelle** Zimt – 16 **le sucre roux** Rohrzucker – 18 **le miel** Honig – 18 **une usine** une entreprise, une fabrique

Pourquoi ?
Stop.
Changer de sujet.
Vite.

Il me reste combien de temps, maintenant ? Cinq centimètres de bougie, ça peut durer encore longtemps. Il est quelle heure ? Dix heures vingt. J'ai froid aux pieds. Je vais remettre mes chaussettes. Non, pas celles-là. J'ai au moins trois paires de rechange dans mon sac à dos. J'ai une paire blanche avec des petites étoiles brodées dessus. C'est Anja qui me les a envoyées. Elles sont toutes neuves. Avec les chaussettes, il y avait un dessin d'Anton. C'est le fils de Walid et d'Anja. Il a six ans. C'est mon filleul. Oui, je suis son parrain. Et sa marraine, c'est Renate.

7 **durer** dauern – 11 **de rechange** pour changer – 13 **brodé, e** gestickt – 18 **un filleul** Patenkind – 18 **un parrain** Patenonkel – 19 **une marraine** Patentante

Pas des vrais parrain et marraine, parce qu'il n'a pas été baptisé, Anton, mais on a promis à Walid et Anja qu'on s'occuperait de lui s'il leur arrivait quelque chose. Et moi, je tiens mes promesses.

Où j'en étais déjà ?

Ah, oui, Dresde, M. Wippler, le Café Kästner, le *Baumkuchen*…

C'est bon. Là-bas, je suis en sécurité.

J'ai donc ouvert la bouche et j'ai avalé le contenu de la cuillère que me tendait M. Wippler. De la pâte à gâteau, mais légère, aérée par les blancs d'œufs, à peine écœurante, parfumée… Je n'avais pas l'habitude de traîner à la cuisine quand ma mère ou ma grand-mère préparaient des pâtisseries. Jamais

2 **baptiser qn** jdn taufen – 6 **une promesse** → promettre qc à qn – 12 **un contenu** ce qui est à l'intérieur de qc – 14 **aéré, e** ≠ lourd (→ l'air *m*) – 16 **traîner** rester longtemps dans un endroit

je n'avais goûté à quelque chose de semblable, des arômes crus pour ainsi dire, bruts. C'était… je cherche le mot… c'était… c'était bon, tout simplement. "*Danke*, ai-je dit, *Danke sehr.*"

M. Wippler a souri et puis il a commencé de longues explications en allemand. Je comprenais sans comprendre, les mots se déversaient sur moi, de temps en temps, j'en attrapais un, et je l'avalais. M. Wippler exécutait des gestes précis, pesait, mélangeait, étalait, goûtait, et je n'en perdais pas une miette. Anja a dû me tirer par le bras pour me faire sortir et m'emmener dans la salle du café. On s'est assis sur une banquette de velours, autour d'une table au plateau de marbre.

2 **cru, e** *ici :* très fort; **brut, e** *ici :* naturel – 9 **se déverser sur qn** couler sur qn – 10 **de temps en temps** ab und zu – 12 **exécuter qc** faire qc – 13 **étaler** ausrollen – 13 **ne pas perdre une miette de qc** faire très attention à qc – 16 **emmener qn** conduire qn – 17 **une banquette** un banc – 18 **un plateau** *ici :* Tischplatte – 19 **le marbre** Marmor

Je ferme les yeux et je vois le café, dans la lumière d'été à travers les rideaux tellement kitsch. *Kitschig*, dit-on en allemand. *Ja, kitschig.*

Je pose la main sur ma joue, et je sens la fraîcheur du marbre de la petite table. *Schön kühl, wie damals.*

J'ai envie de raconter.

Simplement raconter.

Envie de retrouver les couleurs de ce jour-là, les odeurs.

Et la douceur.

Oui, la douceur.

Tiens, je sens quelque chose de froid sur ma main. Froid et humide. Et rouge. Du sang. J'ai le sang froid, on dirait. Ça coule sur le dos de ma main gauche, petit ruisseau très lent, ça caresse ma peau, légèrement.

6 **la fraîcheur** ≠ la chaleur – 12 **la douceur** ce qui est *agréable* (angenehm) – 15 °**humide** ≠ sec – 18 **un ruisseau** Bach – 19 **légèrement** → léger (p. 39)

Je me suis encore gratté une croûte. Peux pas m'en empêcher. Bizarre, je ne m'en suis même pas aperçu.

Belle couleur, le sang.

Mon sang.

Ça me rappelle un autre moment de ce jour-là, mon premier jour à la *Konditorei* Kästner.

Quand on est sortis de la *Backstube,* Anja m'a demandé ce que je voulais manger. J'ai répondu sans réfléchir : "Du *Stollen* !"

Elle m'a regardé, étonnée. Alors, j'ai précisé : "Du *Christstollen.*"

Elle a hésité un instant. Puis elle s'est levée pour aller parler à Renate. Quand elle est revenue, elle m'a expliqué qu'il n'y avait pas de *Stollen,* qu'on ne le fabriquait qu'à la période de Noël. Et elle a ajouté : "J'ai commandé autre chose pour toi, une surprise."

1 **se gratter** sich kratzen – 1 **une croûte** *ici :* petite *plaque* (Fleck) sur la peau formée par du sang sec – 13 **étonné,e** surpris → la surprise – 15 °**hésiter** ne pas se décider, ne pas savoir quoi faire – 19 **la période** l'époque, le temps – 20 **commander qc** etw bestellen

Renate s'est approchée de notre table avec un plateau. D'abord, elle a disposé devant moi un grand verre d'eau glacée, une cuillère, puis une assiette de spaghettis recouverts de sauce tomate et de parmesan. Le parmesan dégageait une drôle d'odeur, douceâtre. Et la sauce tomate était d'un rouge vif, pas du tout naturel. Comme mon sang, oui, comme mon sang.

Presque.

“Goûte”, a dit Anja. Je me suis demandé comment j'allais amener les spaghettis jusqu'à ma bouche. Renate et Anja m'observaient, ce qui m'embarrassait encore plus. Et puis, vraiment, cette sauce tomate était carrément répugnante. J'ai regardé Anja. Elle a éclaté de rire.

1 **s'approcher de qn** aller vers qn – 2 **un plateau** Tablett – 2 **disposer qc** mettre, poser qc – 6 **dégager qc** laisser sortir qc – 7 **drôle** *ici :* bizarre – 7 **douceâtre** süßlich – 8 **vif, ve** clair, e, intense (→ vivre) – 16 **embarrasser qn** jdn stören – 18 **carrément** vraiment – 18 **répugnant** *ici :* pas appétissant (p. 19)

“*Eisspaghetti* ! a-t-elle dit. C’est de la glace. Vas-y, mange !”

J’ai plongé la cuillère dans la masse un peu molle. Eh oui, c’était de la glace à la vanille imitant les spaghettis, la sauce tomate était un coulis de framboises, le parmesan de la noix de coco râpée. *Eisspaghetti*…

Ah ah ah, très drôle, non ?

Pourquoi je raconte tout ça ?

Je ne sais pas.

Je parle tout seul, je parle pour moi. Pour rien. J’attrape des images dans ma tête et je les colle au hasard, ça ne fait pas une histoire, ça ne représente rien. Rien. Ma vie.

4 **mou, molle** ≠ dur – 6 **un coulis** une sauce faite avec des fruits ou des légumes – 6 **une framboise** Himbeere – 7 **râpé, e** gerieben – 14 **au hasard** *ici :* sans réfléchir, ici et là

Je parle pour moi.

En ce moment, j'ai cette image dans la tête : le Café Kästner, le velours rouge, les miroirs en bois doré, les *Eisspaghetti*…

Et tout le reste.

Parce que…

Parce que…

… je ne sais pas.

C'est comme ça.

J'arrête le ruisseau de sang avec mon doigt. Je porte le doigt à ma bouche. Je lèche.

Mon sang a goût de larmes.

De mes larmes.

Je ne pleure jamais.

Jamais.

4 **un miroir** Spiegel – 4 **en bois** aus Holz

J'ai quand même mangé du *Stollen*, cet été-là. M. Wippler en a fait exprès pour moi. Un lundi après-midi, alors que le café était fermé. Nous étions tous les deux, seuls dans la grande cuisine carrelée de blanc. Il m'a enfilé une veste de pâtissier, celle d'un apprenti. Comme elle était beaucoup trop grande, j'ai remonté les manches. J'ai suivi la préparation, j'ai écouté les explications. M. Wippler parlait en allemand, mais je comprenais, ah oui, je comprenais.

Il a fait deux *Stollen*. Le premier, je l'ai goûté une semaine plus tard. Le second, je l'ai emporté à la fin de mon séjour.

J'ai mal au ventre.

Ça n'a rien à voir.

J'ai mal au ventre.

Je l'ai déjà dit.

2 **exprès** *ici :* seulement pour moi – 6 **enfiler** *fam* mettre un vêtement – 7 **une veste** Jacke – 7 **un apprenti** une personne qui apprend un métier (→ apprendre) – 15 **un séjour** *ici :* un voyage

J'ai mal au ventre.

Ça passera.

Il ne reste plus qu'un quart de la bougie. La flamme est toute petite. Regardez, elle s'éteint.

Mais non, elle reprend, toute fragile. Elle se bat, elle ne veut pas mourir. Est-ce qu'elle sait pourquoi, au moins ?

C'est beau. Je mets les mains autour de la flamme et la lumière traverse ma peau, on dirait.

Je sais pourquoi j'ai mal au ventre. Ce n'est pas grave, ça passera.

Je continue mon histoire.

Comme la flamme de la bougie, oui, je continue.

Je suis retourné à Dresde tous les ans, en été, et trois fois pour Noël aussi.

2 **passer** *ici :* s'arrêter – 17 **retourner à un endroit** revenir à

C'est là-bas que j'ai appris à aimer Noël, chez Anja et Walid, avec le petit Anton.

Anja voulait appeler son fils Nadir. Walid a refusé. C'est lui qui a insisté pour qu'il s'appelle Anton.

Qu'est-ce que ça me ferait si je m'appelais Antoine, moi, et pas Brahim ? Ou Lucas ? Ou Kévin ?

Ah non, pas Kévin.

Et pas Lucas non plus.

Alors, Brahim. J'y suis habitué, maintenant.

"Brahim, ferme ton robinet !" Je voudrais bien, maman, mais je peux plus m'arrêter maintenant. Ça parle, dans ma tête, ça parle, et ça n'en finit pas.

5 **refuser qc** ≠ accepter qc

J'ai choisi allemand première langue au collège. Le principal ne voulait pas m'inscrire dans la classe d'allemand. “C'est une très bonne classe, a-t-il expliqué à ma mère. Votre fils ne suivra pas.” J'étais meilleur que Léa et Émile, qui étaient dans le même CM2 que moi, mais pour eux il n'y a pas eu de problème. Il a fallu que Mme Vaneste, mon instit, intervienne. Elle était furieuse quand elle nous a raconté sa conversation avec le principal.

Et voilà. C'est comme ça qu'on s'est retrouvés deux FOI dans la classe d'allemand, Bouchra et moi.

FOI, ça veut dire Français d'origine incontrôlée. Par opposition aux FOC, les Français d'origine contrôlée. Comme pour les vins et les fromages. Moi, je suis

3 **inscrire qn** écrire, mettre qn sur une liste – 10 **une instit (une institutrice)** *ici :* un professeur pour l'école primaire (de la 1ère à la 5e classe) – 17 **incontrôlé, e** → contrôler

né en France d'une mère née en France. Mais manque de pot, mes grands-parents sont nés en Algérie. Alors, ça me poursuivra jusqu'à la fin des temps, certainement.

Et du côté paternel, c'est pareil. Mes grands-parents sont nés en Kabylie, ils sont venus tout petits en France.

Ça ne suffira jamais, jamais.

C'est comme ça. Je constate, c'est tout.

Et puis je m'en fous, je crois.

Das ist mir scheissegal, ja.

Le plus drôle, c'est que Bouchra et moi, on est les seuls avec Alice à avoir gardé allemand première langue en seconde. Tous les autres dans la classe ont choisi l'anglais en entrant au lycée.

2 **manque de pot** *fam* par manque de chance – 4 **poursuivre qn** suivre qn – 6 **paternel** → le père – 17 **la seconde** c'est la 10e classe en Allemagne

Je mangerais bien un morceau de *Stollen*. Et puis non. C'est trop sucré et trop lourd.

Il n'y a pas que le *Stollen*.

Il y a des tas d'autres gâteaux.

Le *Käsekuchen*, le gâteau au fromage blanc. Un peu fade. Justement, c'est ça qui est bon.

Et puis la *Herrentorte*, le gâteau des messieurs, si on traduit littéralement. C'est un gâteau au chocolat, à la crème, à la liqueur d'orange et à la pâte d'amande. Énorme.

Et puis l'*Apfelstrudel*. Ah ça, c'est presque aussi extraordinaire que le *Stollen*, et on peut en manger toute l'année. C'est plutôt un gâteau autrichien, mais M. Wippler le réussit génialement. Le plus compliqué, c'est

6 **le fromage blanc** Quark – 10 **littéralement** exactement, mot à mot – 12 **la pâte d'amande** Marzipan – 13 **énorme** *fam* délicieux, super – 15 **extraordinaire** génial, e

d'étaler la pâte. Il faut qu'elle soit extrafine. D'abord, on l'étend au rouleau sur un grand linge fariné, puis on l'étire avec la main, petit à petit, comme ça, vous voyez le mouvement ? Il faut faire hyper attention, sinon on déchire la pâte, et tout est raté. À l'intérieur, il y a un mélange de pommes en petits dés, de cannelle, de sucre et de raisins secs. À Paris, on trouve du *Strudel* à la pâtisserie viennoise, rue de l'École-de-Médecine. Mais le meilleur, pour moi, c'est celui des boulangeries de la rue des Rosiers. Ce n'est pas tout à fait la même recette, un peu trop sucré à mon goût, mais vraiment, il faut goûter. Je vous conseille la boulangerie avec une devanture peinte en jaune, à un coin de rue. Il y a une jeune serveuse avec

2 **extrafin, e** très fin ≠ épais (p. 18) – 2 **un rouleau** *en pâtisserie* un instrument, souvent en bois qui sert à étaler la pâte (p. 39) – 3 **un linge** un morceau de tissu (p. 38) – 3 **fariné** → la farine – 3 **étirer qc** rendre qc plus long, étaler qc – 4 **petit à petit** peu à peu, lentement – 9 **un dé** *ici :* un petit morceau – 11 **viennois, se** de Vienne, la capitale de l'Autriche – 17 **conseiller qc à qn** → un conseil – 18 **une devanture** la vitrine (p. 34) d'un magasin (→ devant) – 18 **un coin** Ecke

une natte immense, jusqu'au creux des reins. Quand c'est elle qui me sert, elle me tend ma part de *Strudel* avec un sourire… un sourire aussi immense que ses yeux noirs… On ne s'est jamais rien dit de spécial, mais je suis sûr qu'elle a compris… Qu'elle a compris que j'aimais vraiment ça, le *Strudel* aux pommes. Et elle…

Non, rien. Ce n'est pas important.

J'aimerais qu'il neige. C'est idiot, je sais. On est au mois de mai, pas de risque qu'il neige cette nuit.

Mais ce serait bien.

Je pourrais passer des heures, des jours entiers à regarder la neige tomber.

D'ailleurs, elle ne tombe pas, la neige. C'est idiot, les langues, parfois. Pour moi elle ne tombe pas, la neige. Elle ne vole

1 **une natte** Zopf – 2 **les reins** *mpl ici :* Lenden – 3 **une part** un morceau, une tranche – 11 **neiger** → la neige – 19 **voler** → un vol

pas non plus, elle ne coule pas, je ne sais pas comment dire, il faudrait inventer un mot spécial.

Ce ne sera pas moi qui l'inventerai. Je n'ai pas besoin de mot pour ça, en réalité. Je regarde et c'est tout.

C'est tout.

Je pense à autre chose.

Ça n'a rien à voir.

Rien à voir du tout. Ma pensée fait des zigzags et j'aime ça, oh, comme j'aime ça.

Je pense au Miel Béton.

Oui, le Miel Béton. Avec des majuscules. C'est une marque, oui, une marque de miel. On le vend à l'office du tourisme de Saint-Denis. Un type a eu l'idée de poser des ruches sur le

18 **une ruche** Bienenkorb

toit de plusieurs immeubles de Saint-Denis et il fabrique du miel. Il s'appelle Serge. Je l'ai rencontré. C'est un ami des parents de Sam. Sam Hausfater, un copain du cours de guitare, à l'école de musique. Serge m'a expliqué comment il élevait ses abeilles. Il m'a montré où elles butinaient. En fait, une ville, même Saint-Denis, c'est un territoire fantastique pour des abeilles. Il y a une richesse et une diversité florales incroyables. Et tout ça, ça produit du miel. Le Miel Béton. Quand Serge a récolté du miel pour la première fois, il l'a fait goûter aux gens du quartier. Et un jeune s'est exclamé : "Waouh, c'est béton !" Voilà d'où vient le nom.

Serge a fait analyser son miel par des spécialistes. Eh bien, c'est un miel

1 **un immeuble** une grande maison ou une tour à plusieurs étages – 7 **élever** züchten, aufziehen – 7 **une abeille** Biene – 8 **butiner** *pour les abeilles* prendre le nectar et le pollen des fleurs – 9 **un territoire** un endroit, une zone – 11 **une richesse** → riche – 11 **une diversité** une variété, plusieurs sortes – 11 **floral, e** de fleurs – 12 **incroyable** que l'on ne peut pas croire – 13 **récolter qc** prendre, ramasser qc – 16 **c'est béton** *fam ici :* c'est super, génial

extrêmement pur, sans plomb, sans résidus chimiques, beaucoup plus pur que la plupart des miels de campagne qui contiennent des traces de pesticides. Et c'est un miel extrêmement complexe du point de vue de la composition. Au début, le laboratoire qui l'a analysé pensait qu'il provenait du Nicaragua ou de l'Afrique équatoriale. On s'est aperçu qu'il condensait toutes les origines des habitants du quartier. Un miel multiculturel, en somme.

C'est une belle histoire, non ?

Elle est vraie, en plus.

Souvent, je me la raconte.

J'essaie de trouver une morale, comme dans les fables.

Mais il n'y en a pas.

Heureusement.

1 **extrêmement** très – 1 **le plomb** Blei – 2 **un résidu** un reste – 3 **la plupart** *ici :* presque tous, une grande partie – 4 **contenir** → le contenu (p. 42) – 8 **provenir de** venir de – 12 **en somme** finalement

Bizarre, quand même. Oui, bizarre. Pourquoi je m'intéresse à la pâtisserie allemande ? Qu'est-ce que ça a à voir avec moi ? J'ai été élevé au steak haché, au poisson pané Findus, et à la purée Mousseline. C'est mon plat préféré. Avec le tajine de poulet au citron confit de ma grand-mère. Et un morceau d'*Apfelstrudel* au dessert. Ça se sert chaud avec de la crème anglaise, ou une boule de glace à la vanille.

Je pense avec le ventre, on dirait.

Au fait, c'était vraiment pas terrible, le gratin de poisson, ce soir.

Un jour, je vous inviterai. Au Café Kästner, à Dresde. Vous arriverez, j'ouvrirai la porte, je serai en tablier blanc, pantalon à carreaux bleus et blancs, avec, sur la tête, une espèce

4 **un steak haché** Hacksteak – 5 **pané, e** paniert – 5 **Findus** une marque de poisson pané – 6 **Mousseline** une marque de purée – 7 **un tajine** une spécialité marocaine – 13 **pas terrible** *fam ici :* pas très bon, pas super – 18 **à carreaux** kariert – 19 **une espèce de** une sorte de

de béret en tissu blanc. Parce que, oui, c'est décidé, je serai *Konditormeister*. Maître-pâtissier. Tout est organisé. Après mon bac, j'entrerai en apprentissage chez M. Wippler. Parallèlement, j'étudierai la chimie à l'université. *Yes*, chimie et pâtisserie. Pâtisserie traditionnelle, je précise. Pas question de bourrer mes gâteaux de colorants et de conservateurs. Mais c'est important de connaître les processus chimiques qui se produisent tout au long de la préparation d'une pâtisserie.

Par exemple, vous savez ce qui se passe quand on cuit un *Stollen* ? À partir de 150 °C, se produisent les réactions biochimiques dites de Maillard entre les protéines et les sucres. Même aujourd'hui, on n'a pas encore complètement expliqué

4 **un apprentissage** quand on apprend un métier (→ un apprenti, p. 49) – 9 **bourrer qc** remplir qc (p. 21) – 9 **un colorant** → la couleur – 10 **un conservateur** un produit qui permet de garder plus longtemps les *aliments* (Lebensmittel) – 12 **tout au long de qc** pendant qc – 18 **complètement** totalement, assez bien

ces réactions. Elles ont été mises en évidence par un chimiste de Nancy, Louis-Camille Maillard, au début du XXe siècle, *sorry*, je ne me souviens plus de la date exacte. En gros, il s'agit d'un ensemble complexe de dégradations chimiques qui donnent naissance à une foule de composés arômes et produits colorés. Le premier stade résulte de la condensation entre une fonction aldéhyde et une fonction amine…

J'arrête.

Ça n'intéresse que moi, je suppose.

J'aime bien comprendre. Manger un gâteau et savoir de quoi il est produit. Mélanges, réactions, aldolisations et rétroaldolisations, scissions, oxydations, déshydrations, polymérisations…

1 **mettre qc en évidence** *ici :* découvrir qc – 5 **en gros** *ici :* pour résumer – 7 **donner naissance à qc** faire naître, créer qc – 9 **résulter de qc** provenir, venir de qc – 10 **un aldéhyde** [aldeid] *chimie* un corps (p. 28) chimique – 11 **une amine** *chimie* un corps organique provenant de l´ammoniac – 16 **une aldolisation** *chimie* Aldolreaktion – 17 **une scission** *chimie* Spaltung – 18 **une déshydration** *chimie* Dehydratisierung – 18 **une polymérisation** *chimie* une réaction de plusieurs molécules produisant un nouveau corps

J'aime ces mots-là. Je peux les réciter comme un mantra.

Zut, on dit un mantra, ou une mantra ?

C'est égal : réactions, aldolisations et rétroaldolisations, scissions, oxydations, déshydrations, polymérisations, réactions, aldolisations et rétroaldolisations, scissions, oxydations…

Non, ça ne marche pas.

Tant pis.

C'est vrai ce que je dis.

Que je m'installerai en Allemagne. *Konditormeister*. Un jour.

Ce sera plus facile.

Parce que là-bas, au moins, ce sera clair : je serai un étranger. Pas comme

1 **réciter qc** dire qc à haute voix – 2 **un mantra** dans les religions asiatiques, formule répétée pendant la méditation – 12 **tant pis** dommage – 14 **s'installer dans un pays** aller vivre dans un pays

ici, où je ne serai jamais que français-pas-tout-à-fait. Français, mais. Français d'origine maghrébine. Pas Français tout court.

Alors, oui, étranger.

Et Français.

Enfin.

3 **maghrébin, e** de l´Afrique du Nord

La bougie va bientôt s'éteindre. Elle est mal en point, là, je n'en ai plus que pour deux ou trois minutes, et… et… et… mince, je vais éternuer… ah… ah… ouf, c'est passé. Ça me gratte sous le nez. C'est comme pour les chaussettes, tout à coup, ça me démange, il faut que je me frotte le nez. Depuis tout à l'heure, je sens que ça remue à l'intérieur, là, et petit à petit ça monte. Pourquoi ai-je réveillé le volcan ? Vous croyez que c'est facile de faire semblant sans arrêt, d'être bien lisse, toujours le masque, oui, monsieur, oui, madame, merci, merci, waouh, super, etc. S'intégrer, quoi, ne pas se faire remarquer, se fondre dans la tapisserie, et tant pis si elle est démodée, la tapisserie, style années 60, avec des motifs géométriques orange et marron.

2 **être mal en point** *ici :* être dans un mauvais *état* (Zustand) – 4 **éternuer** niesen – 8 **ça démange** ça gratte (p. 45) – 10 **remuer** bouger – 13 **faire semblant** jouer la comédie – 14 **lisse** *ici :* höflich – 17 **se fondre dans la tapisserie** être anonyme, ne pas se faire remarquer (une tapisserie : Tapete) – 18 **démodé, e** ≠ à la mode

"Dis rien, s'il te plaît, Brahim, dis rien, ça sert à rien, te fais pas remarquer et tout ira bien." C'est le refrain de ma mère, pauvre mama, je t'aime, alors je ne dis rien, je presse sur mon ventre pour que ça s'enfonce tout au fond, et que ça sorte pas, hein, que ça sorte pas. Lisse, toujours lisse… Bien lavé, bien peigné, bien habillé, clean, cool, poli, propre sur moi, bon élève, délégué de classe, club de judo, groupe de rock, et aide aux devoirs pour les minots, tout comme il faut… Comme notre pelouse, devant notre pavillon de banlieue, la plus belle pelouse du lotissement, taillée aux ciseaux, pas une mauvaise herbe. Et les jardinières de fleurs sur les rebords de fenêtres, et les rideaux lavés tous les quinze jours. Mes pantalons

6 **s'enfoncer** entrer à l'intérieur de qc – 9 **peigné, e** les cheveux bien mis – 10 **propre** ≠ sale – 10 **le délégué de classe** l'élève qui représente tous les élèves d'une classe – 12 **un minot** *fam* un enfant – 13 **une pelouse** Rasen – 15 **un pavillon** une maison – 16 **un lotissement** un ensemble de maisons dans un quartier – 17 **tailler** couper – 17 **des ciseaux** *mpl* un instrument pour couper le papier – 18 **une jardinière** une *caisse* (Kasten) où il y a des fleurs – 19 **lavé, e** *ici :* propre ≠ sale

bien repassés, même les jeans – non, maman, on ne repasse pas les jeans –, et les baskets nettoyées tous les samedis… Lisse, bien lisse… Même le vocabulaire, propre, bien astiqué, “dis pas ça, Brahim”, “parle correctement, Brahim”. Et j'obéis, oui, maman, oui, maman…

Lisse, lisse, lisse… Ça sert à quoi ?

Je m'appelle Brahim, justement, et j'ai les yeux noirs.

Et ça, ça ne s'efface pas, ça ne se lisse pas.

Voilà, c'est fini.

Fini, fini, plus de flamme, la bougie est éteinte.

Pas grave, j'ai rien à dire. J'ai jamais rien à dire.

D'ailleurs, j'ai rien dit.

C'est fini.

1 **repasser qc** etw bügeln – 5 **astiqué, e** super propre – 7 **obéir à qn** jdm gehorchen – 12 **lisser qc** etw glätten

J'aurais jamais cru que je tiendrais aussi longtemps.

À qui le tour, maintenant ?

Juste un truc, madame, et après je me tais.

Vous vous souvenez de ce que vous avez écrit sur mon bulletin ? Non ? Moi, je m'en souviens. Vous avez écrit : "Très bonne maîtrise du français." Au premier trimestre. Et au deuxième trimestre : "Excellente maîtrise du français." Au moins, vous avez de la suite dans les idées. J'ai demandé aux autres ce que vous avez écrit sur leur bulletin. Emma a la même moyenne que moi, 16, mais pas la même appréciation. Pour elle, c'est : "Excellent travail. Élève intéressée, bonne participation en classe." Entre nous, ce n'est pas très original.

1 **tenir** *ici :* aushalten – 7 **un bulletin** une feuille où sont écrites toutes les notes du trimestre (un trimestre : trois mois) – 9 **maîtriser qc** bien connaître qc – 12 **avoir de la suite dans les idées** *iron* suivre la même idée, ne pas changer d'idée – 15 **une moyenne** Durchschnitt – 16 **une appréciation** *ici :* un commentaire du professeur sur le bulletin

Thomas, lui, il a 7 en français, et vous lui avez écrit : “Travail insuffisant. Pas de méthodes à l’écrit.” Bilel a 7 aussi, mais pour lui, c’est : “Ne maîtrise pas le français. De gros efforts à faire.” Il n’y a que Bouchra qui s’en sort mieux. Pour son 14 de moyenne, vous avez noté : “Très bon travail. Élève volontaire et studieuse.”

Ça veut dire quoi : “Excellente maîtrise du français” ? Que pour un métèque, je cause bien la langue de Molière ? Youpi, merci pour le compliment. En plus, c’est faux. Je ne la maîtrise pas, votre langue, madame, je ne la tiens pas en laisse, au contraire. Elle peut foutre le camp si ça lui chante, ça m’est bien égal. Dans ma bouche, elle est toute molle, votre belle langue, elle se débine, avec toutes ses règles et ses exceptions, elle n’a pas de

2 **insuffisant, e** *ici :* mauvais, e – 5 **faire des gros efforts** devoir beaucoup travailer – 9 **studieux, se** qui étudie bien et beaucoup – 11 **un métèque** *péj* un étranger – 12 **causer** *ici :* parler – 12 **youpi** *fam* super – 15 **une laisse** Hundeleine – 16 **foutre le camp** *fam* s’en aller rapidement, disparaître – 17 **ça lui chante** ça lui plaît, il/elle en a envie – 18 **mou, molle** ≠ dur – 19 **se débiner** *fam* fuir, s´en aller

squelette, c'est du chewing-gum, de la marmelade.
Ouais, c'est vrai, là, quand je vous parle, je le sens, les mots dégoulinent, j'ai l'impression que je me bave dessus.
Non, je ne la maîtrise pas, ta langue française, elle coule toute seule, là, je la vomis, malgré moi, et elle emporte tout ce qui m'est resté là, sur l'estomac.
C'est pourtant ma langue maternelle, le français, maternelle et paternelle, oh oui, maternelle et paternelle… On n'a jamais parlé arabe à la maison, juste ma grand-mère qui chante des chansons parfois. Moi, j'ai été bercé en français, j'ai appris “À la claire fontaine” à l'école maternelle, et même “Petit papa Noël”.
J'ai joué en français, rêvé en français, j'ai appris en français, j'ai aimé en français, oui, oui, tout en français, et aujourd'hui

4 **dégouliner** *fam* couler – 5 **baver** sabbern – 8 **vomir** sich übergeben – 8 **emporter qc** prendre et partir avec pc – 9 **un estomac** Magen – 10 **la langue maternelle** la première langue qu'un enfant entend et apprend dans sa famille – 15 **bercer qn** jdn wiegen – 16 **À la claire fontaine** *chanson traditionnelle française*

je me noie en français, j'étouffe en français, je crève, madame, je crève en français !

Non, reste à ta place ! J'ai pas fini. La bougie est éteinte, et je n'ai plus la parole. Je ne l'ai plus, mais je la prends. Et je ne la rendrai pas, non, oh non. Pourquoi je te tutoie ? Je ne sais pas, les flics me tutoient aussi quand ils font des contrôles d'identité, et est-ce qu'ils savent pourquoi ? Je te tutoie, madame, parce que c'est la dernière fois, la dernière fois que je te parle, et parce que ta langue, ton français, lui, me tutoie depuis toujours, pour me remettre sans arrêt à ma place. Mais c'est où, ma place, hein, c'est où ?

Je m'embrouille, je sais. Tout remonte, d'un seul coup, et c'est pas bon, beurk, pas bon du tout.

1 **se noyer** ertrinken – 2 **crever** *fam* mourir – 5 **avoir la parole** pouvoir parler – 8 **tutoyer qn** dire tu à qn – 9 **un flic** *fam* un policier

Ce n'est pas à toi que je parle, en fait, c'est à moi, j'essaie de mettre des mots sur cette souffrance, là, là, mais avec les mots que tu m'as donnés, j'y arrive pas, j'y arrive pas.

Pourquoi ?

Je l'ai pourtant appris, ton français, je me suis appliqué. Toujours premier en orthographe, à l'école primaire et au collège. Grammaire, conjugaison, explication de texte, dissertation, j'ai tout digéré, et j'aimais ça, oui, c'était comme un jeu.

Mais c'est pas ça, une langue, c'est pas les règles récitées par cœur, les verbes conjugués à tous les temps, c'est pas les exercices de grammaire. Ou pas seulement. Bien sûr, il faut savoir les accords, le subjonctif et tout ça… Je n'arrive pas à le dire, je n'arrive même

3 **une souffrance** une douleur – 8 **s'appliquer à faire qc** apporter beaucoup d'attention à qc – 9 **l'orthographe** *f* la façon d'écrire les mots correctement – 11 **une dissertation** Aufsatz – 11 **digérer qc** *ici :* apprendre qc – 15 **par cœur** auswendig – 19 **un accord** *gram* Angleichung

pas à le penser, mais je sens que c'est important, super important, je le sens, oui, ça bouge tellement dans mon ventre, dans ma poitrine, ça me brûle, même, il faut que je trouve les mots, il le faut.

J'ai une image dans la tête. Un camp avec des grillages très hauts et des fils barbelés. Et tu es au milieu, madame, avec ton français. Tu le protèges, tu le défends. De nous. De nous, les djeuns, les métèques, les Français pas comme il faut. Avec ton stylo rouge, tu nous tiens à distance, et dès qu'on s'approche, dès qu'on veut y toucher, tu cries : "Faute ! Faute !" "Ça ne se dit pas !" "C'est pas français !"

C'est pas français. Ah, ah, ah. Non, je sais, "c'est pas français", c'est pas français. Il faut dire : "ce N'est pas

8 **un grillage** Absperrgitter – 8 **un fil barbelé** Stacheldraht – 10 **protéger qn/qc** Jdn/etw in Schutz nehmen – 11 **un djeuns** *arg* un jeune – 13 **un stylo** Füller/Kugelschreiber – 14 **dès que** quand

français." Sauf que personne NE parle comme ça. Même pas toi, madame.

Non.

J'y arrive pas.

Tu vois, je le maîtrise pas ton français. Il fait ce qu'il veut, il m'échappe, voilà, et ce que je pense disparaît, pfuitt, comme la fumée de cigarette.

Alors, écoute, oui, écoute, si tu peux :

Ich weiss nicht, was soll es bedeuten,
Dass ich so traurig bin;
Ein Märchen aus alten Zeiten,
Das kommt mir nicht aus dem Sinn.

Oui, c'est de l'allemand. Affreux, non ? C'est de Heine. Henrich Heine. Il aimait la France, lui, et le français, sans doute. Tu sais pourquoi je te récite ça ?

C'est l'histoire de *La Loreley*. Tu te souviens ? Apollinaire :

18 **échapper à qn** sortir de la tête, fuir – 8 **la fumée** → fumer – 14 **affreux, se** horrible – 19 **Apollinaire,** Guillaume *poète français du XXe siècle*

À Bacharach il y avait une sorcière blonde
Qui laissait mourir d'amour tous les hommes à la ronde
Devant son tribunal l'évêque la fit citer
D'avance il l'absolvit à cause de sa beauté

Ô belle Loreley aux yeux pleins de pierreries
De quel magicien tiens-tu ta sorcellerie

On a étudié le poème en classe. Je l'ai sur ma liste pour l'oral de français. Bien sûr.

Je vais te dire : tu n'as rien compris à ce texte. Je connais par cœur la fiche de cours. Introduction : “Ce poème, écrit en 1902 et publié en 1904, s'inscrit dans le cycle des *Rhénanes* et s'inspire

1 **une sorcière** Hexe – 5 **un tribunal** Gericht – 5 **un évêque** Bischof – 6 **absoudre qn** réhabiliter qn, lui rendre sa liberté – 9 **des pierreries** *fpl* Edelsteine – 10 **un magicien** une personne qui fait de la magie – 10 **la sorcellerie** la magie(noire) pratiquée par un sorcier – 15 **une fiche** une feuille – 17 **publier qc** faire sortir un texte, un livre sur le marché – 17 **s'inscrire dans qc** se trouver dans qc, faire partie de – 18 **les Rhénanes** → le Rhin (Rhein)

d'une légende remontant au Moyen Âge…" Blablabla. Métaphores, réseaux thématiques, procédés rhétoriques, etc. Blablabla. J'aurai une bonne note au bac, pas de souci.

Mais tu ne nous as rien dit de la musique, de la langue. Évidemment, tu ne connais pas l'allemand, tu n'entends pas l'allemand sous le français, tu ne sais rien des paysages de la vallée du Rhin, les couleurs du ciel là-bas, le bruit des flots, les cailloux qui roulent… et pourtant, tout est dans le poème, je l'entends, je le vois, moi, quand je lis.

Apollinaire, lui, il parlait allemand, j'en suis sûr, je n'ai pas vérifié, mais j'en suis sûr, et il fait sonner le français comme de l'allemand, mais toi, tu n'as rien entendu, tu es enfermée dans ta

1 **remonter à** dater de – 2 **un réseau** Netz – 5 **un souci** un problème – 10 **un paysage** Landschaft – 10 **une vallée** Tal – 12 **les flots** *mpl litt* l'eau – 12 **un caillou** Stein

littérature et elle te bouche les oreilles, elle te rend sourde.

Pourquoi tu ne nous as pas parlé de Heine ? Alors qu'il est évident qu'Apollinaire l'a lu avant d'écrire sa *Loreley* ? Pourquoi ? Parce qu'il est allemand ? Parce qu'un bon écrivain français ne peut pas s'inspirer d'un poète étranger ? C'est vrai que les Allemands n'étaient pas tellement aimés quand Apollinaire a écrit *La Loreley*, juste avant la guerre de 14 ; les affreux, ils nous avaient pris l'Alsace-Lorraine.

Ah, et puis à quoi ça sert ?

C'est pas ta faute, après tout. C'est mon histoire, mon histoire à moi. Ça ne te regarde pas.

J'ai l'impression que j'ai tout construit sur du vide. Sur le vide qui est là, partout,

1 **boucher les oreilles** fermer les oreilles – 2 **sourd, e** quand on n'entend pas – 7 **un écrivain** un auteur (→ écrire)

dans ma tête, mon estomac, mes mains, mes pieds, partout, partout…

Tout, je veux dire la langue, la…

Chut, laissez-moi réfléchir. Les mots me glissent entre les doigts, mais je vais les attraper si vous vous taisez.

Je crois que j'ai trouvé.

J'ai appris le français sur le vide creusé par une langue qu'on ne m'a pas apprise. Ta langue, mémé, quand tu chantes pour toi toute seule, en cousant ou en frottant les grands plateaux en cuivre. Mais moi, je n'entends que la mélodie. Je ne t'ai jamais demandé ce que racontaient les mots.

C'est drôle, quand je parle l'allemand, j'ai l'impression de retrouver une langue que je parlais autrefois, il y a longtemps, très longtemps.

5 **glisser** *ici :* s'échapper, fuir, s'en aller – 9 **creuser** *ici :* former – 11 **coudre** nähen

Oui, c'est ça, le français, pour moi c'est une langue sans racines. Une langue orpheline. Orpheline de mère en fils, de mère en fils, *et cætera*, jusqu'à la fin des temps, peut-être.

Et de père en fils ?

De père en fils.

Baba, baba, il faut bien que je parle de toi.

Je ne peux pas, je ne peux pas. Même pas penser à toi. Tu as disparu, disparu, ce jour-là, et dans ma tête, je ne trouve pas. Tu as emporté tous les mots qui me manquent, la moitié de mes rêves, un grand morceau de mon cerveau.

Dans aucune langue, dans aucune autre langue au monde, je ne peux te parler, ni en français, ni en arabe, ni en allemand, ni en anglais, rien que ce

2 **une racine** Wurzel – 3 **orphelin, e** qui n'a plus de parents – 8 **baba** papa – 15 **un cerveau** *ici :* la tête, les pensées → penser

souvenir-là, *baba, baba*. Et si je ne peux pas te parler, si je ne peux pas te penser, je ne peux pas te pleurer non plus, pas de larmes, pas de sanglots, et pas de mots, pas de mots, rien, rien, rien.

Nichts, gar nichts, nein.

Mais en allemand, ce n'est pas pareil. En allemand, tu n'as jamais été là, alors tu n'as pas disparu. Quand je suis là-bas, en Allemagne, quand ma tête pense autrement, avec d'autres mots, je n'espère pas te rencontrer à chaque coin de rue, sur le quai de chaque gare, à chaque station de métro. Je ne t'oublie pas, non, non, non, je ne t'oublie pas, mais quand je parle en allemand, je suis ailleurs, j'habite un autre pays, et toi, tu es à la maison, tu m'attends, et je te retrouverai, si je reviens.

Non, comme ça je ne peux pas.

4 **des sanglots** des pleurs → pleurer – 11 **autrement** d'une autre façon – 13 **un quai** l'endroit où les gens attendent le train, le métro…

Il faut que j'enlève mes chaussettes. Encore. Vite, la chaussette du pied droit. Je passe ma main à l'intérieur, j'examine le talon.

Non, pas de trou.

Pas de trou.

C'est idiot, je sais…

Comment ça s'appelle déjà ? Ah oui, un TOC, trouble obsessionnel compulsif. Bizarrement, en Allemagne, ça passe, j'oublie totalement mes chaussettes.

Qui peut m'expliquer pourquoi ?

J'ai froid.

Pas grave. Suffit que je ferme les yeux, et je sens les mains de ma grand-mère caresser mes pieds, les réchauffer. Elle a de toutes petites mains, ma grand-mère, mais comme elles réchauffent bien !

Je l'ai déjà dit.

9 **TOC (trouble obsessionnel compulsif)** Zwangsstörung

Un soir, il n'est pas rentré de son travail son service à l'hôpital finissait tard vers 23 heures plus trois quarts d'heure de trajet en RER et dix minutes à pied jusqu'à la maison il a fait le voyage en RER avec un collègue il est descendu à la station habituelle ensuite plus de traces des témoins ont dit avoir vu ce soir-là un homme entraîné par trois autres dans une camionnette gris foncé…

Et puis trois jours plus tard le téléphone a sonné… la police… c'est moi qui ai décroché… une voix de femme… j'ai compris avant qu'elle le dise…

Jamais, jamais je n'arrive jusqu'au bout.

2 **un service** Dienst – 4 **un trajet** le temps qu'il faut pour faire une certaine distance – 4 **un RER** un métro régional – 8 **un témoin** Zeuge – 10 **une camionnette** un petit camion – 14 **décrocher le téléphone** répondre au téléphone

Il y a des trous dans mes pensées et j'ai perdu les mots.

Grand-mère, s'il te plaît, frotte-moi les pieds et laisse-moi pleurer, je mouillerai ton tablier et tu essuieras mes larmes avec ton foulard. Ah, ton foulard. S'ils savaient, eux, ceux qui parlent, ceux qui jugent, s'ils savaient ce qu'il cache, ton foulard. Ton crâne chauve de tous les cheveux perdus en une nuit, cette nuit-là. Ta tête chauve, ta honte, ton chagrin, voici ce qu'il cache, ton foulard. Et quand tu sors de la maison, tu caches le foulard sous une perruque, pour qu'ils ne disent rien, pour qu'ils ne sachent rien, ceux qui parlent, ceux qui jugent. Oh, ma mémé tablier, ma mémé boule à zéro, toi aussi tu sais faire le *Stollen* et l'*Apfelstrudel*. Je t'ai appris,

4 **mouiller qc** → mouillé ≠ sec – 5 **essuyer qc** *ici :* sécher qc → sec, sèche – 6 **un foulard** Kopftuch – 8 **juger qn/qc** jdn/etw beurteilen – 9 **un crâne** *ici :* la tête – 9 **chauve** sans cheveux – 12 **un chagrin** une douleur, quand on est triste – 18 **la boule à zéro** *fam* chauve, sans cheveux

et parfois, dans ta cuisine, tu pétris la pâte, longtemps, et je regarde tes mains qui battent, qui battent, qui pétrissent infiniment. Dans ma tête, alors, ça se met à chanter, un rap au rythme de tes mains, et les mots ont la rage, mémé, la rage, la rage, la rage *et cætera*.

Et quand le gâteau est au four, ça sent étrangement, chez nous, ça sent comme là-bas, et je sais à quoi tu penses. Tu le penses, et tu ne le dis pas, et moi je ne le dirai pas non plus, je ne le pense même pas. À quoi bon ? Parfois, ça ne sert à rien de penser, puisque toujours on tombe sur le même mur, le même trou noir. Alors, tu verses le thé à la menthe dans les verres, tu découpes le *Stollen* ou l'*Apfelstrudel*, et on mange en silence, sans même se regarder, parce que les

1 **pétrir qc** etw kneten – 8 **un four** Backofen

yeux pourraient trahir ce qu'il ne faut pas dire.

Frotte mes pieds, grand-mère, réchauffe-les, et tout mon corps, et ma tête, et mon cœur, si j'en ai un…

… et mon cœur, si j'en ai un.

Voilà.

Voilà.

J'ai fini.

1 **trahir qc/qn** *ici :* dire, montrer

Je frotte mes pieds nus. Mes mains sont froides. La pièce n'est éclairée que par un trait de lune sur le parquet.

Ce silence.

Thomas a fini. Il se lève, enfile sa veste de jogging. Ça remue autour de lui, corps qui se détendent, murmures.

Désolé, Thomas, je n'ai pas écouté. Je sors petit à petit de moi. Je remue la tête, j'étends mes jambes, j'ai les genoux raides. Quelqu'un allume la lumière. Je ferme les yeux.

C'est fini pour ce soir.

Demain, ce sera mon tour.

Je ne dirai rien.

Je n'ai rien à dire.

Dans ma tête, ça chante. Un rythme, une mélodie, une voix. Mais pas de paroles.

2 **éclairé, e** qui reçoit de la lumière – 3 **un trait** *ici :* Strahl – 3 **la lune** (la nuit) ≠ le soleil (le jour) – 7 **se détendre** sich entspannen – 10 **étendre qc** *ici :* ausstrecken – 10 **un genou** Knie – 11 **raide** ≠ flexible

J'ai mal à la gorge. Ça brûle. Je mets les mains sur mon cou, j'essaie de le réchauffer.

"Brahim, dépêche-toi, on va fermer la salle !"

C'est la prof. Je croise son regard. Elle demande encore : "Ça va ?"

J'ouvre la bouche pour répondre. Non. Pas un son. Je montre ma gorge, secoue la tête.

Ne rien dire.

Rien dire.

6 **croiser le regard de qn** rencontrer le regard de qn – 9 **secouer** bouger de gauche à droite

Bernard Friot

Biographie

Bernard Friot est né près de Chartres en 1951, mais il a posé ses valises dans de nombreuses villes de France et d'Allemagne. Après avoir été longtemps enseignant de lettres et s'être particulièrement intéressé aux pratiques de lecture des enfants et adolescents, il a été pendant quatre ans responsable du Bureau du livre de jeunesse à Francfort. Il s'est installé depuis peu à Besançon où il se consacre à l'écriture et à la traduction.

Bernard Friot se définit comme un « écrivain public » : il a besoin de contacts réguliers avec ses jeunes lecteurs pour retrouver en lui-même les émotions, les images dont naissent ses histoires. La relation au lecteur est aussi au cœur de sa réflexion sur l'écriture : lire est pour lui un acte de création, autant que l'écriture. Le texte doit donc inciter le jeune lecteur à construire, avec rigueur et liberté, sa propre interprétation.

Il attache aussi une grande importance à la traduction de livres allemands pour la jeunesse car pour lui la traduction est un travail de création aussi noble et passionnant que l'écriture. À ce jour, il a traduit plus de quarante romans et albums.

Bibliographie

Gâteaux et chapeaux, Milan, 2008.

La bouche pleine. Poèmes pressés, Milan, Coll. Milan Poche Junior, 2008.

Danger : enfants sages ! Trois contes à dévorer, Milan, Coll. Milan poche Cadet, 2007.

Tu veux être ma maman, Milan, Coll. Petit clown, 2007.

Et pourquoi, Milan, Coll. Petit clown, 2006.

Jours de collèges, Coll. Scripto, 2006.

La princesse élastique, Milan, Coll. Milan poche Cadet, 2006.

Moi, je veux !, Milan, Coll. Petit clown, 2006.

Peut-être oui, La Martinière jeunesse, 2006.

Pressé ? Pas si pressé !, Milan, Coll. Milan poche junior, 2006.

Un tableau trop bavard, Milan, Coll. Milan poche Cadet-Aventure, 2006.

Histoires pressées, illustrations collectives, Milan, 2005.

La lampe, Milan, Coll. Milan poche Cadet, 2005.

Nouvelles histoires minute, Milan, Coll. Milan poche Cadet, 2005.

Pour vivre, avec Catherine Louis, La Martinière jeunesse, 2005.

Presque poèmes – écriture poétique, La Martinière jeunesse, 2005.

Un dernier été, La Martinière jeunesse, Coll. Confessions, 2005.

Amanda Chocolat, Milan, Coll. Milan poche Cadet - Tranche de vie, 2004.

A mots croisés, Milan, Coll. Milan Poche Junior, 2004.

Histoires minutes, Milan, Coll. Milan poche Cadet, 2004.

Histoires pressées, CRDP de Languedoc-Roussillon, 2004.

C'est quoi ton prénom ?, Milan, Coll. Milan poche Cadet, 2003.

Les Pieds de Pierre, Milan, Coll. Milan Poche Cadet, 2003.

Un autre que moi, La Martinière jeunesse, 2003.

Pressé, pressée, Milan, Coll. Milan poche junior, 2002.

Encore des histoires pressées, Milan, 2001.

Nouvelles histoires pressées, Milan, 2000.

Liste des abréviations

≠	antonyme de
→	mot de la même famille
°	après l'article, pas de liaison
chimie	terme de la chimie
etw	etwas
f	féminin
fam	familier
fpl	féminin pluriel
fig	figuré
gram	terme de la grammaire
iron	ironique
jdm	jemandem
jdn	jemanden
litt	littéraire
m	masculin
mpl	masculin pluriel
péj	péjoratif
pop	populaire
qc	quelque chose
qn	quelqu'un